Markus Binner

**Das mag ich nicht - Dat lust ik niet**

Ein Forschungsbericht - Een Onderzoeksverslag

Textem Verlag

1. Auflage, Hamburg 2012
ISBN 978-3-86485-032-5
Alle Rechte vorbehalten
www.textem.de

1e druk, Hamburg 2012
ISBN 978-3-86485-032-5
Alle rechten voorbehouden
www.textem.de

Assistenz und Übersetzung: Anika Förster, Eva Maria de Vlaming und Mathias De Prest (www.niederlaendischberlin.de)
Assistentie en vertaling: Anika Förster Eva Maria de Vlaming en Mathias De Prest (www.niederlaendischberlin.de)

Markus Binner bei Textem: Dark Horse, Dark Horse II, Beschreibungen von Readymades, silent pieces & houses around houses, Kohlparfait, drinnen und außen, Ukulele, Den besten Blick auf die Arbeit hat der Barkeeper, listen,
www.markusbinner.de

# Inhalt

| | |
|---|---|
| Vorwort | 9 |
| Voorwoord | 11 |
| Frikandellen | 14 |
| Gegratineerde mosselen | 16 |
| Wittebrood | 18 |
| Eva Sturm: Gras zwischen den Pflastersteinen | 20 |
| Maatjesharing | 25 |
| Kibbeling | 28 |
| Huzarensalade | 30 |
| Gehaktballen | 32 |
| Patat | 34 |
| Markus Binner: Das mag ich nicht | 36 |
| Tompoes | 40 |
| Stamppot rauwe andijvie | 42 |
| Knackwurst | 44 |
| Sauerteigbrot | 46 |
| Currywurst | 48 |
| Majonnaise | 50 |
| Weißwürste | 52 |
| Semmelknödel | 54 |
| Eva Sturm: Gras tussen het plaveisel | 56 |
| Sauerkraut | 62 |
| Eisbein | 64 |

| | |
|---|---|
| Reiberknödel | 66 |
| Spätzle | 68 |
| Markus Binner: Dat lust ik niet | 70 |
| Schlagsahne | 72 |
| Kartoffelknödel | 74 |
| Leberknödel | 76 |

# Vorwort

Nach etlichen vergnüglichen Mühen während einiger Vorbereitungszeit waren wir im Juli endlich auf beiden Seiten der niederländisch-deutschen Grenze unterwegs.
Erforschen wollten wir das jeweils vom Nachbarn abgelehnte Essen.
„Was magst du nicht von mir? Mir schmeckt von dir nicht …"
Während der Vorbereitung waren wir gewarnt worden, wie heikel, aufgrund des Krieges, immer noch das Verhältnis sei. Und mit welch scharfen Reaktionen wir gerade auf der niederländischen Seite zu rechnen hätten. Es kam anders.
Auf der deutschen Seite bekamen wir erstaunlich oft „Wir mögen alles" zu hören, häufig mit dem Zusatz, „Hab ich keine Probleme mit". Oft schien mir meine Frage unlauter. Auch die völlige Unkenntnis der niederländischen Küche, immerhin nur wenige Kilometer von der Grenze entfernt, kam häufig vor. Spitzenköche wollten auf der deutschen Seite nicht mit uns reden. „Habe mich mehr mit der französischen Küche beschäftigt."
In den Niederlanden wurde die Frage nach dem Krieg sofort mit „Ist das immer noch Thema, den haben wir doch gewonnen" beantwortet. Wie überhaupt der Frage „Was mögen Sie nicht aus der deutschen Küche?" mit viel Humor begegnet wurde.
Froh bin ich auch über die Erfahrung, wie leicht mit ein wenig Empathie und Begriffen erlernbar ist, was nicht schmeckt und inwiefern es nicht schmeckt.

Bedanken möchte ich mich bei Dick Smits und Emmy R. Bergsma, Jan Christoph Tonigs und Stephan Us von Grenswerte, die das Projekt weit über die Finanzierung hinaus erst möglich gemacht haben. Herr Us lenkte durch die Fährnisse eines EU-Antrags mit Bravour. Und Herr Tonigs begleitete weiter, sodass es eine Freude war.

Bedanken möchte ich mich auch bei meiner Tochter Hanna Binner, die ständig unvorhersehbare Wendungen einflocht, ohne die diese Arbeit kaum möglich gewesen wäre. Vielen Dank auch an Anika Förster, die an so vielen Stellen das Projekt erst zu dem gemacht hat, was es geworden ist.

Nicht zuletzt Dank an Frau Sturm, die wieder einmal durch das Licht ihrer Feder vieles anders sichtbar macht.

Markus Binner im Herbst 2012

# Voorwoord

Na heel wat uren van plezierige moeite tijdens de voorbereidingen waren we in juli eindelijk aan weerszijden van de Nederlands-Duitse grens onderweg.
We wilden onderzoeken welk eten van over de grens door de buren werd verguisd: „Wat lust je niet van bij ons? Ik vind dit van bij jullie niet lekker ..."
Tijdens de voorbereiding werden wij gewaarschuwd hoe gevoelig de relatie vanwege de Tweede Wereldoorlog nog steeds is. Men waarschuwde ons vooral voor heftige reacties aan de Nederlandse kant van de grens. Het liep helemaal anders.
Aan Duitse kant kregen we verbazend vaak te horen: „Wij eten alles", vaak gevolgd door: „Heb ik geen probleem mee." Vaak leek mijn vraag me niet duidelijk, niet zuiver genoeg. Ook complete onwetendheid over de keuken in Nederland, toch slechts een paar kilometer van de grens, kwam vaak voor. Chef-koks aan de Duitse kant wilden niet met ons praten: „Ik houd me meer met de Franse keuken bezig."
In Nederland werd de vraag naar de oorlog onmiddellijk beantwoord met: „Is dat nu nog een thema? Die hebben wij toch gewonnen." De vraag „wat lust u niet uit de Duitse keuken?" werd over het algemeen met veel humor ontvangen.
Ik ben ook blij met de ervaring dat je met een beetje empathie en begrip gemakkelijk te horen krijgt wat niet smaakt en waarom niet.

Ik wil zeer graag Dick Smits en Emmy R. Bergsma, Jan Christoph Tonigs en Stephan Us van Grenswerte bedanken, die het project, niet alleen door de financiering, mogelijk hebben gemaakt. Mijnheer Us begeleidde ons onversaagd door het labyrinth van een EU-projectaanvraag, en mijheer Tonigs begeleidde ons verder, dat het een plezier was.

Ik wil ook mijn dochter Hanna Binner bedanken, die voortdurend verrassende wendingen initieerde, zonder dewelke dit werk nauwelijks zou zijn mogelijk geweest.

Veel dank ook aan Anika Förster, die het werk in verschillende opzichten precies tot dat gemaakt heeft, wat nu voorligt.

Niet in het minst dank ik mevrouw Sturm, die weer eens door het licht van haar pennenvrucht veel zichtbaar maakt.

Markus Binner, herfst 2012

Door de manier van aanpak en dankzij het grote aantal antwoorden zijn de specifiek genoemde eigenschappen van de afzonderlijke gerechten representatief voor een grotere groep dan alleen de afgebeelde en genoemde personen.

Aufgrund der Vorgehensweise, dank der Vielzahl von Antworten, sind die Spezifika zu den einzelnen Gerichten nicht aussschließlich den abgebildeten und genannten Personen zuzuordnen.

*Auch Frau Rosenbaum mag keine Frikandellen*

# matschig, schleimig, überwürzt

### Frikandellen

300 g Putenbrust, 300 g Schweinefilet, 3 Scheiben gewässertes, ausgedrücktes Toastbrot, 3 Eier, 100 ml, getrocknete Kräuter, Paniermehl

Das Fleisch durchdrehen mit der kalten Hühnerbrühe und den anderen Zutaten gut vermengen. 2 TL der Masse auf eine Frischhaltefolie streichen, und so einrollen, dass eine Wurst entsteht. Die Enden zudrehen. Die Würste in 60 °C heißem Wasser 10 Minuten brühen, kalt abgeschreckt aus der Folie nehmen. In heißem Fett frittieren.

## Frikandellen

300 g kalkoenborst, 300 g varkensfilet, 3 witte in water geweekte boterhammen, 100 ml kipbouillon, 3 eieren, gedroogde kruiden, bloem, paneermeel

Hak het varkensvlees heel klein en meng het goed met koude kipbouillon, de boterhammen en de gedroogde kruiden. Strijk 2 theelepels van het bereide mengsel op een stuk huishoudfolie. Rol het geheel zo op dat het op een worst lijkt. Draai de uiteinden van de folie dicht. Verhit de frikandellen 10 minuten in water van 60 °C. Schrik ze daarna in koud water en laat ze afkoelen. Frituur de staafjes in het vet.

*papperig, slijmerig, te veel kruiden*

*Ook mevrouw Rosenbaum lust geen frikandellen*

## Gegratineerde mosselen

0,5 l trockenen Weißwein, 3 kg Miesmuscheln, 1 Zwiebel, neutrales Öl, 100 g Crème double, 75 g geriebenen Gouda, 1 Bund gehackte Petersilie, 250 g Mehl, 4 Eier, 375 ml Milch, Salz

Den Weißwein mit den abgespülten Miesmuscheln aufkochen.
3 Minuten kochen lassen, durchsieben, Sud auffangen. Muschelfleisch auslösen.
Zwiebelwürfel in etwas Öl langsam andünsten. Den Muschelsud und Creme double zufügen, dann salzen. Nun den geriebenen Gouda, die Petersilie und das Muschelfleisch unterziehen. Kurz überbacken.

*eklige Konsistenz*

*Mevrouw Büning (in wier pension Leitingshof in Weseke het goed toeven was, ponyrijden inbegrepen) lust geen gegratineerde mosselen. Verschillende mensen hier lusten het „Puffbrot" niet*

*Frau Büning (in deren Pension auf dem Bauernhof Leitingshof in Weseke wir so wunderbar – Ponyreiten inklusive – untergebracht waren) mag keine überbackenen Miesmuscheln. „Puffbrot" mögen hier einige nicht*

# *weerzinwekkende consistentie*

## Gegratineerde mosselen

0,5 l droge witte wijn, 3 kg mosselen, 1 ui, olie, 100 g slagroom, 75 g geraspte Goudse kaas, 1 bosje peterselie, 250 g bloem, 4 eieren, 375 ml melk, zout

Kook de witte wijn met de gewassen mosselen. Laat 3 minuten koken. Zeef de mosselen uit het kookvocht, bewaar het kookvocht. Verwijder de schelp. Fruit de ui met de olie. Meng het kookvocht van de mosselen met de slagroom, doe er wat zout bij. Voeg de geraspte Goudse kaas, de peterselie en de mosselen toe. Gratineer de mosselen.

## Wittebrood

800 g Weizenmehl 550 (TA 160), Wasser, 15 g Hefe, 16 g Salz, 20 g Zucker, 50 g Butter, 15 g Weizenmalzmehl

Alles bis auf die Butter vermischen und kneten. Butter stückchenweise einkneten. So lange kneten, bis sich ein elastischer, glatter Teig gebildet hat, der sich von der Schüsselwand löst. 3 Stunden gehen lassen, nach 45 Minuten einmal strecken und falten. Auf der bemehlten Arbeitsfläche straff langwirken und in die gefettete Kastenform einlegen. In der Kastenform bei Raumtemperatur bis zur vollen Gare gehen lassen. Bei 240 °C heißen Ofen einschießen, kräftig schwaden. Nach 10 Minuten den Schwaden ablassen und bei 210° C für weitere 50 Minuten ausbacken.

## *je bijt erin, en er is niets*

## Wittebrood

800 g tarwebloem 550 (TA 160), water, 15 g gist, 16 g zout, 20 g suiker, 50 g boter, 15 g tarwemoutbloem

Meng alle ingrediënten behalve de boter. Kneed. Snijd de boter in stukjes en kneed deze stukje voor stukje door het deeg. Kneed het deeg tot het elastisch en glad is en niet aan de kom blijft kleven. Laat het 3 uur rijzen, na 45 minuten eens uitrekken en dubbelvouwen. Bepoeder het werkblad met bloem. Maak een langwerpige vorm uit het deeg en doe het in de ingevette vorm. Laat het deeg in de vorm op kamertemperatuur tot maximaal volume rijzen. Plaats de vorm in een voorverwarmde oven van 240 °C. Laat het brood 10 minuten bakken op hoge hitte en bak het daarna nog 50 min op 210 °C.

*du beißt rein, und es ist nichts*

# Gras zwischen den Pflastersteinen

Eva Sturm

Was man nicht mag, versucht man sich vom Leib zu halten. Distanz wird gewünscht zwischen dem, was man sich vorstellt beziehungsweise mit dem man real konfrontiert ist und dem eigenen Organismus. Schluss mit den Bildern. An einen anderen Ort! Sprache hilft wegzusortieren, was abgelehnt wird. Kurz und knapp oder entschieden-wortgewandt. So schreibt der Psychoanalytiker Karl-Josef Pazzini: „Eine solche Abwendung hat den Vorteil, daß sie sich nicht in einer Zerstörung der Objekte entlädt, sondern dieses nur fernhält und sich selber in Depression, geronnener Wut stillstellt und vermeintlich sich für immer bewahrt."[1] Das Ablehnen, womöglich sichtbar begleitet von körperlichen Effekten, wird vergessen, verschoben, bis es wieder aufgerufen wird und sich neuerlich entlädt.

Einverleibung – das ist noch unangenehmer zu denken. Dass das, was man nicht mag, Teil des eigenen Körpers werde. Nein! Das Objekt soll auf Abstand bleiben, wird so weit weggehalten, dass man nicht davon berührt wird, nicht direkt. Bleib da, (ich) halt dich fern. Ich mag dich nicht. Aber indem ich dich nicht mag, weiß ich, wovon ich mich abgrenzen kann. Das Abgelehnte ist das Andere. Es wird unsichtbar, bleibt aber gleichzeitig verborgen da und hilft, die eigene wackelige Identitätskonstruktion immer wieder zu errichten.

Nun kommt jemand und fragt in diese still gestellte „Depression, geronnener Wut" hinein. Er fragt nach, will es möglichst genauer wissen, fordert auf zu beschreiben, wie sich diese Ablehnung, dieses Das-mag-ich-nicht anfühlt, an welche (körperlichen) Ereignisse, Bilder, Erinnerungen es gekoppelt ist. Die Ablehnung begegnet Neugier, die Interesse zeigt. Ohne moralische, diagnostische oder sonstige Wertung wird in dieses Konstruieren eines Anderen hineinspaziert. Gemeinsam wird sich in diesem Bereich aufgehalten. Man sucht herum, nach Worten. Erzähl weiter!

Das Interesse ist genau jenes: Was wird nicht gemocht, wie schmeckt das. Bitte lass den Geschmack in deiner Rede auftauchen, in Sprache sich ausbreiten. Zu süß! Unangenehm, die Vorstellung, auf diese Art zubereitet. Das geht gar nicht (für mich).

Und all das findet an einer Grenze statt. An einer Grenze zwischen zwei Ländern, die in Nachbarschaft stets Gemeinsames und Differenz erzeugt. Denn der Nachbar ist beides: Er ist nah und fern, vertraut und fremd. Er ist der jeweils Andere des Einen. Und die solchermaßen errichtete und erinnerte Unterscheidung zu vernebeln, sich aber gleichzeitig als Grenze und als Projekt(il) zu zeigen, das kann man dem vorliegenden Projekt unterstellen. Darin ist es ein Kunstprojekt.

Der Künstler wird hier erstens zum „Trickster": Jean Fisher hat im Zusammenhang mit der Documenta 11 [2] an diese Figur, welche es in vielen Kulturen gibt, erinnert. Ein Trickster ist einer, der eine produktive Veränderung im System zu bewirken vermag. Und zwar durch so etwas wie das Schaffen eines Dritten Raumes, quasi durch Handlungs-, Raum- und Zustandsverwirrung. Er hat keinen Auftrag von außen, sondern gibt sich selbst den Anstoß. Jean Fisher schreibt: „Eine Geschichte über Eshu, den Trickser der Yoruba, von dem es auch eine kubanische Variante gibt … handelt von zwei Freunden, zwei benachbarten Bauern, die sich ewige Freundschaft geschworen haben. Doch sie haben es verabsäumt, Eshu in ihren Bund einzuschließen, und so beschloss er, ihnen eine Lehre zu erteilen. Mit einer Mütze auf dem Kopf, die auf der einen Seite rot war und auf der anderen weiß, und seine Pfeife im Nacken ritt er sein Pferd rückwärts die Grenze zwischen den beiden Höfen

entlang. Später stritten die Freunde über die Farbe der Mütze des Reiters und darüber, in welche Richtung er sich bewegt hätte, und ihr Streit nahm so heftige Ausmaße an, dass sie Eshu selbst herbeiriefen, um ihn zu entscheiden. Eshu gab zu, dass er der Reiter gewesen sei und dass die Freunde beide recht hätten, erklärte ihnen jedoch, sie seien so sehr von ihrer Gewohnheit und einer unterdrückten Feindschaft beherrscht, dass sie nicht mehr imstande seien, die Wahrheit zu erkennen oder den Standpunkt des anderen zu akzeptieren.
Eshu ist derjenige … der mutwillig ein Rauschen erzeugt, um ein neues Bewußtseinsmuster ins Leben zu rufen. Der zugrunde liegende Gedanke ist der, dass, das System, indem es eine Störung erfährt und sie daraufhin in sich integriert, von einer einfachen zu einer komplexen Stufe fortschreitet'."

Vom einfachen „Nein, das mag ich nicht" zum komplexen Text. Solches mag man nicht unbedingt. Es bedroht die eigene, für sicher gehaltene und immer wieder selbst bestätigte Weltordnung, in der nicht selten vorgezogen wird, sicher gewohnte Wege ohne Abweichung zu wiederholen. Na ja, vielleicht ganz interessant, aber sicher nicht ‚Meines'. Auch Interesse heißt, etwas sicher von sich wegzuhalten, es wie einen zappelnden Käfer aus der Distanz zu betrachten. Mag ich das?

Kunst wird in diesem Zusammenhang von Karl-Josef Pazzini das Potenzial zugesprochen, „von Seiten des Subjekts Zeugnis vom Prozess der nicht gelungenen Identität, der nicht gelungenen kausalen Ableitung" zu geben. Wir treffen auf Kunst, sie trifft uns „als konkret sichtbare, fühlbare, hörbare Objekte, als ‚Geschichten' von fragmentierten Körpern, von unvollkommenen Einheiten, von lockeren, logisch nicht eindeutigen Assoziationen, von Bruchstücken, Resten und Montagen, von gescheiterten Idealvorstellungen, von immer wieder anders formierten Bedeutungen".[3] Die Nachbarn in der Geschichte des Tricksters werden in ihrer Selbstgewissheit erschüttert, weil einer in ihr System hineinreitet, um das Funktionieren dieses Systems aufs Tapet zu bringen. Das Nichtwahrgenommene der Situation tritt als nicht wahrgenommene Wirkung von bestimmten Bedeutungskombinationen zutage. Die Wirkmächtigkeit der machtvoll ausschließenden Ordnung wird in ihrem unhinterfragten Mechanismus deutlich. Einen zappelnden Käfer betrachtet man aus der Distanz, es sei denn, man ist Forscher oder Kind oder Künstler.

Wenn man nun zweitens Künstlerinnen das Potenzial zuspricht, welches Hal Foster benannte, indem er sie zu Kartografen von existierenden Zusammenhängen erklärte[4], dann kommt man dem Grund näher, warum das vorliegende Projekt nicht der Wissenschaft, sondern dem Raum der Kunst zuzurechnen ist. Das Interesse des Künstlers wäre es dann, durch die Erschaffung eines Dritten Raumes, der eine Karte ist, auf Zusammenhangskombinationen und auf die im Grunde genommen willkürliche Herstellung von Nachbarschaftsidentitäten, Begriffen und Grenzziehungen zu verweisen. Ein Forschungsergebnis: Die Konstruktion kehrt wieder in manch realen Auswirkungen – Sahne zum Beispiel ist tatsächlich diesseits und jenseits der Grenze unterschiedlich süß. Die differenten Systeme bestätigen sich in der Wiederholung. Aber was war zuerst da: Henne oder Ei?

Der Künstler macht also eine Karte, die ein reales Buch ist. Sie zeugt von einem Aufenthalt an der Grenze, dehnt diese zu einem Spatium[5], in dem Denken zum fröhlichen Auftrag wird. Denn das Abgelehnte, Verworfene wird darin gedreht, breitet sich auf der Fläche aus, wird auf Seiten auseinandergefaltet. Das Verworfene taucht an unterschiedlichen Stellen auf, an anderen Dingen klebend. Was ferngehalten wird, ist plötzlich Anleitung, bekommt die Potenz, als Frage und Antwort gleichzeitig weiterzuleben.

Man kann das vorliegende Projekt aber nicht nur als partizipatorische, kommunikative Kunstform beschreiben, sondern auch als eine genuin konzeptionelle, die als solche die Frage nach dem Funktionieren von Kunst stellt. Wie andere Arbeiten von Markus Binner ist auch diese Sammlung beiderseits der Grenze eine Analyse des Systems Kunst als immer wieder errichtete Institution von Ein- und Ausschlüssen, in der diese Ein- und Ausschlüsse stets mit befragt sind. Das mag ich nicht. Das will ich nicht sehen. Das gehört nicht hierher. Kunst kann sich wie Gras zwischen den Pflastersteinen (Gilles Deleuze) zwängen und das starr Gewordene aus den Fugen bringen.

[1] http://kunst.erzwiss.uni-hamburg.de/Texte/leib_krystufek.html (zuletzt abgefragt am 14.6.2012)
[2] Fisher, Jean: Zu einer Metaphysik der Scheisse. In: documenta (Hg.): Dokumenta 11_Plattform 5: Ausstellung. Osterfildern-Ruit 2002, 63-70
[3] Pazzini, Karl-Josef: Wie geschieht Lehre? – Über die Aggressivität des Lehrens. In: Michael Schmid (Hg.): RISS Materialien. 1. Zur Frage der Transmission (in) der Psychoanalyse. Zürich 1995
[4] Foster, Hal: The Return of the Real. (The Artist as Ethnographer), Cambridge, Massachusetts, London, England 1999, 171-203
[5] Raunig, Gerald: Charon. Eine Ästhetik der Grenzüberschreitung. Wien 1999

Maatjesharing

20 grüne Heringe, 3 EL Salz

Die Heringe unausgenommen einfrieren und wieder auftauen lassen. Ausnehmen, den Darm im Fisch lassen. Spülen. Salzen. In einem verschlossenen Gefäß 14 Tage kühl stellen.

*zu roh, fischig*

Maatjesharing

20 verse haringen, 3 eetlepels zout

Vries de ongefileerde haring in en laat deze weer ontdooien. Fileer de haring. Laat de darm in de vis zitten. Spoelen. Pekelen. In een gesloten vat 14 dagen op een koele plek bewaren.

*te rauw, vissig*

*Matjes, Maatjesharing*

*Stefan Us mag kein Amstel-Bier*
*Stefan Us lust geen Amstelbier*

*Hier erfahre ich, dass die Holländer kein Fleisch machen können. Kein Geschmack dran*
*Hier krijg ik te horen dat Nederlanders geen vlees kunnen bereiden. Er zit geen smaak aan*

*Frikandellen*
*Frikandellen*

*Die Fertigprodukte sind alle nicht lecker. Bei niederländischem Backfisch ist die Panade zu dick*
*Kant-en-klaarmaaltijden smaken gewoon niet. Het korstje van de Nederlandse gebakken vis is te dik*

## Kibbeling

500 g feste Fischfiletwürfel (z. B. Dorsch), 2 EL Mehl, Salz, Pfeffer, 2 EL Milch, 1 steif geschlagenes Eiweiß

Mehl, Salz, Pfeffer und Milch verrühren und das Eiweiß unterheben. Die Fischwürfel durch den Teig ziehen und in heißem Fett schwimmend ausbacken.

## *Teig zu dick, zu fettig*

## Kibbeling

500 g vaste blokjes van visfilet (bijv. Dors), 2 eetlepels bloem, zout, peper, 2 eetlepels melk, 1 opgeklopt eiwit

Meng bloem, zout, peper en melk en roer het eiwit door de massa. Haal de visblokjes door het deeg heen. Bak ze in heet vet.

## *deeg te dik, te vet*

*Tomaten*

*Bei den Süßwaren in Münsters „Karstadt" mögen sie alles*
*In de snoepafdeling van „Karstadt" in Münster lusten ze alles*

*Herr Tonigs findet, es gibt salziges Lakritz, das in Mund und Magen brennt und wie Teer schmeckt. Zum Glück, da Lakritz sehr schwer herzustellen ist, mag er Husarensalat auch nicht*
Meneer Tonigs zegt dat er drop bestaat die zo zout is dat het in je mond en in je maag brandt en naar teer smaakt. Het recept voor drop is wat ingewikkeld, dus gelukkig is er nog iets wat hij niet lust, namelijk huzarensalade

## Huzarensalade

1 Rinderbeinscheibe, 2 Lorbeerblätter, 5 Körner Piment, 1 Bund Suppengrün, 150 g Mixpickles, 250 g festkochende Kartoffeln, 150 g Mayonnaise, 1 EL Salz, Zucker

Die Beinscheibe mit den Lorbeerblättern und den Pimentkörnern 2 Stunden lang in einem kleinen Topf kochen. Nach einer Stunde Suppengrün und Salz dazugeben. Rindfleisch herausnehmen und in ganz kleine Stücke schneiden. Mit der Mayonnaise und den klein geschnittenen Mixpickles mischen. In der Rindfleischbrühe die geschälten Kartoffeln bissfest kochen. Kartoffeln grob stampfen und zum Fleisch geben und mischen. Rinderbrühe dazugeben. Mit Zucker abschmecken und eine Nacht ziehen lassen.

## Huzarensalade

1 lapje rundvlees, 2 laurierbladen, 5 pimentkorrels , 1 bosje soepgroente, 150 g augurken, 250 gr vastkokende aardappelen, 150 g mayonaise, 1 eetlepel zout, suiker

Laat het rundvlees met de laurierbladen en de pimentkorrels in een kleine pan 2 uur koken. Voeg na een uur de soepgroente en het zout toe. Haal het rundvlees eruit en snijd het in heel fijne stukjes. Meng het met mayonaise en de klein gesneden augurken. Kook de geschilde aardappelen in de runderbouillon al dente. Stamp de aardappelen in een kom meng ze met het vlees. Voeg wat bouillon toe. Breng het geheel met suiker op smaak en laat het een nacht staan.

*geprakt*      *zermatscht*

Hier hätte ich wahrscheinlich schnell viel sammeln können. Schon die erste Kundin mochte kein Slaatje, keine Gehakballen, keine Frikandel
Hier had ik snel veel kunnen verzamelen. De eerste klant lustte al geen slaatjes, geen gehaktballen en geen frikandellen

*undefinierbar, da mag ich nicht reinbeißen, mag es nicht sehen, überhaupt keinen Geschmack, schmeckt nach nichts*

### Gehaktballen

500 g gemischtes Hackfleisch, 1 fein gehackte Zwiebel, 2 Eier, 2 Scheiben Weißbrot ohne Rinde, 2 EL Milch, 2 EL fein gewiegtes Salbei, 1 TL Salz, 1 TL Curry, 1TL Pfeffer, 1 TL Muskat, 250 ml Wasser, 5 Gewürznelken, 5 Pfefferkörner, 1 Lorbeerblatt, 75 g Butter

Das Weißbrot mit der Milch übergießen und einweichen lassen. Gut ausdrücken und mit dem Fleisch, Zwiebeln, Eiern, Salbei, Salz, Curry, Pfeffer und Muskat vermischen.
Den Hackfleischteig 3 Stunden im Kühlschrank durchziehen lassen. Mit nassen Händen vier gleich große Ballen formen. Die Ballen in Butter anbraten. Das Wasser zugießen und die Gewürze zufügen. Bei mäßiger Hitze 20 Minuten köcheln lassen. Die fertigen Ballen mit Salbei bestreuen.

*ondefinieerbaar, daar wil ik mijn tanden niet in zetten, kan er niet naar kijken, het smaakt nergens naar*

## Gehaktballen

500 g gemengd gehakt, 1 fijngehakte ui, 2 eieren, 2 plakken witbrood zonder korst, 2 eetlepels melk, 2 eetlepels fijngehakte salie, 1 theelepel zout, 1 theelepel curry, 1 theelepel peper, 1 theelepel nootmuskaat, 250 ml water, 5 kruidnagels, 5 peperkorrels, 1 laurierblad, 75 g boter

Laat het brood in de melk weken. Pers het goed uit en meng het met het vlees, de ui, de eieren, salie, zout, curry, peper en nootmuskaat.
Laat de massa 3 uur in de koelkast staan zodat de smaak goed kan intrekken. Maak met natte handen vier gehaktballen. Bak ze in boter. Giet er het water bij en doe de kruiden erbij. Kook 20 minuten op een laag vuurtje. Strooi vóór het serveren salie op de gehaktballen.

## Patat

Festkochende Kartoffeln (keine Frühkartoffeln), Rindertalg, Salz

Kartoffeln schälen und in Stifte schneiden. 1 Stunde in Wasser einlegen. Blanchieren. 30 min. im Backrohr bei 80 °C trocknen. Ca. 7 min. bei 130 °C frittieren. Auf einem Tuch ausbreiten und abkühlen lassen. Ca. 3 min. bei 175 °C frittieren.

## Patat

Vastkokende aardappelen (geen jonge aardappelen), rundsvet, zout

Schil de aardappelen en snijd ze in reepjes. Laat de reepjes 1 uur in water liggen. Blancheer. Droog ze 30 minuten op 80 °C in de oven. Frituur de frietjes ca. 7 minuten op 130 °C. Laat de frietjes los van elkaar op een doek afkoelen. Frituur ze ca. 3 minuten op 175 °C.

*Die Kellnerin des Cafés „Pension Schmidt" findet die niederländischen Pommes zu fettig*
*De serveerster van het café „Pension Schmidt" vindt Nederlandse friet veel te vet*

*Auch hier mögen sie alles, besonders Frikandel*
*Ook hier lusten ze alles, vooral frikandellen*

*Niederländische Küche ist voll lecker*
*De Nederlandse keuken is top*

*Auch hier, wie so oft, sagen sie, sie mögen alles*
*Zoals zo vaak zeggen ze ook hier dat ze alles lusten*

*Mögen alles*
*Alles lusten*

## Das mag ich nicht

Ein Projekt mit Gerichten, die auf Ablehnung stoßen. Beiderseits der niederländisch-deutschen Grenze sammeln wir Gerichte, die wir vom anderen nicht mögen. Welche deutschen Gerichte mögen die grenznah lebenden Niederländer überhaupt nicht, was lehnen die Deutschen an der holländischen Küche ab?

Befragt werden ganz verschiedene Personen, die mit Essen, Lebensmitteln, Kochen zu tun haben: Köche, Bauern, Gemüsehändler, Gourmands, LKW-Fahrer usf. An unterschiedlichsten Orten: in Restaurants, Großküchen, Mensen, Raststätten, Ställen, Fußgängerzonen.

Benannt werden soll nicht nur die Speise. Versucht werden soll eine Beschreibung des Abgelehnten. Inwiefern mag ich es nicht? Warum, woran liegt's? Finde ich dafür Worte? Wie kann ich nachvollziehbar machen, was ich nicht mag?

Das Ergebnis wird eine Sammlung von Gerichten sein, die zusammengefasst in der Form eines Kochbuchs erscheint, das nebst den Gerichten auch die Gespräche über sie beinhaltet. Präsentiert und verschenkt wird es an den Orten, an denen die Gespräche stattgefunden haben, eventuell auf einer kulinarisch-partizipativen Festivität.

Trotz aller Neugier am Fremden, aller Fernreisen, Fernsehsendungen zum Thema „Kochen" ändert sich an dem, was wir essen, wenig.
Trotz des Wissens über die kulturelle Bestimmtheit von Geschmack scheinen die Grenzen dessen, was wir essen mögen, erstaunlich eng gesetzt.
Essen stiftet ja besonders gemeinsame Identität.

Anders als in Malerei oder Literatur, wo seit Jahrhunderten das Hässliche Thema sein kann, gibt es in der Küche kaum Beispiele von Essen, das nicht fein oder gut schmecken soll. Als Pascal Barbot 2003 in nur einem Gericht als Kontrast Bohnen verwendete, die nicht gut schmecken und dies auch nicht sollten, verließen wütende Gäste das Restaurant.

Seit Jahrzehnten gehen wir zum Italiener und Chinesen, und doch gibt es bessere italienische Restaurants in größerer Zahl erst etwa, seit die italienischen Gastarbeiter dank dem wirtschaftlichen Aufschwung Italiens wieder nach Hause zogen.
Der anzahlmäßig extreme Kontrast zwischen türkischen Spitzenrestaurants und Döner-Buden sagt eben vor allem darüber etwas aus, wie die Deutschen ihre türkischen Mitbürger wahrnehmen.
Stellen wir nicht gerade durch die Abgrenzung, die Ablehnung, Identität her? Wie sagt Stuart Hall: „Die Engländer sind nicht deshalb rassistisch, weil sie die Schwarzen hassen, sondern weil sie ohne die Schwarzen nicht wissen, wer sie sind."

Neben der Freude darüber herauszufinden, was man nicht mag, ergeben sich bei dem Versuch, die Abneigung für andere nachvollziehbar zu machen, erkenntnisfördernde Prozesse. Worin genau besteht das Grausen vor einer ganz bestimmten Zutat? Wie würde ich den Geschmack beschreiben, der mich das Gesicht so verziehen lässt? Sind es wirklich Ammoniak- und schwefelige Verbindungen, auf die ich reagiere? Ist es die erwartbar reproduzierbare Enttäuschung, die mich opponieren lässt?

*Tante Tomate, Nottuln: Kuchen ist zu süß und zu bunt*
*Tomato World, Nottuln: Gebak is te zoet en te kleurrijk*

# *zu süß*

## Tompoes

240 ml Milch, 3 Eigelb, 15 g Mehl, 40 g Zucker, 2 TL Vanillearoma, 4 Scheiben Blätterteig, 100 g Puderzucker, Lebensmittelfarbe

Vanillecreme: Eigelb mit Zucker und Mehl vermischen, bis eine glatte Masse entsteht. Die Milch aufkochen und das Vanillearoma dazugeben. Vom Herdnehmen und in die Ei-Zucker-Mehl-Masse einrühren. Köcheln lassen, bis die Masse fest geworden ist, abkühlen lassen.
Die Blätterteigscheiben in 2 Hälften teilen. Auf ein Backblech legen und mit einer Gabel kleine Löcher durch den Teig stechen. Backen. Für die Glasur etwas Wasser mit dem Puderzucker und der Farbe vermischen. Auf vier Blätterteigstücke die Creme streichen, darauf die restlichen Blätterteigstücke und alles mit der Glasur überziehen.

## Tompoes

240 ml melk, 3 eigelen, 15 g bloem, 40 g suiker, 2 theelepels vanillearoma, 4 vellen bladerdeeg, 100 g poedersuiker, roze levensmiddelenverf

Vanillecrème: Meng eigeel met de suiker en de bloem tot een glad mengsel. Breng de melk aan de kook, voeg het vanillearoma toe. Haal de pan van de hittebron en voeg de melk toe aan de eigeel-suiker-bloem-massa. Kook de massa totdat deze stevig is en laat dan afkoelen.
Deel de vier vellen bladerdeeg in twee stukjes. Leg ze op een bakplaat. Prik met een vork kleine gaatjes in het deeg. Bak het.
Meng de poedersuiker en de levensmiddelenverf met wat water voor het glazuur. Smeer de vanillecrème op vier stukjes bladerdeeg. Plaats de overige vier stukjes bladerdeeg op de vanillecrème en bestrijk de bovenkant met glazuur.

*te zoet*

*Die beiden Assistentinnen*
*De twee assistentes*

## Stamppot rauwe andijvie

500 g Kartoffeln, 1 Endiviensalat, 1 Zwiebel, Salz, Pfeffer,
1 EL Weißwein-Essig, 3 EL Sonnenblumenöl, 2 EL Dijon-Senf

Geschälte Kartoffeln in Salzwasser kochen, abgießen und ausdampfen lassen. Grob zerdrücken. Endivie waschen und in feine Streifen schneiden. Zwiebel in kleine Würfel schneiden. Essig, Öl, Senf, Pfeffer und Salz verrühren und die Endivie und die Zwiebelwürfel damit vermischen. Unter die Kartoffeln heben.

*Hier erfahre ich, dass manche keine Endivie, manche keinen Blumenkohl mögen*
*Hier hoor ik dat sommigen geen andijvie en sommigen geen bloemkool lusten*

## Stamppot rauwe andijvie

500 g aardappelen, 1 andijvie, 1 ui, zout, peper, 1 eetlepel witte wijn azijn , 3 eetlepels zonnebloemolie, 2 eetlepels Dijonse mosterd

Breng de geschilde aardappelen in water met zout aan de kook. Giet ze af en laat ze nog even stomen. Stamp de aardappelen in grove stukken. Was de andijvie en snijd ze in fijne reepjes. Snijd de ui in blokjes. Maak een mengsel van azijn, olie, mosterd, peper en zout en roer het door de andijvie en de uien. Meng de groente nu met de aardappelen.

*zompig*

*matschig*

*Mevrouw Bergsma lust geen knakworst als ze niet precies weet wat erin zit*
*Knackwurst, bei der man nicht wisse, was drin ist, mag Frau Bergsma nicht*

# *ik weet niet wat erin zit*

## Knackwurst

1 kg mager varkensvlees, zout, peper, kruidnagel, nootmuskaat, citroenschil, schapendarmen

Kook het varkensvlees. Snijd van het gekookte varkensvlees het spek grotendeels af. Hak het vlees in stukjes. Meng de kruiden door het vlees. Vul de darmen met het mengsel. Draai de uiteindes dicht. Laat de worsten een kwartier in water van 80 °C trekken en dompel ze daarna in koud water onder.

# *ich weiß nicht, was drin ist*

## Knackwurst

1 kg mageren Schweinekamm, Salz, Pfeffer, Nelken, Muskat, Zitronenschale, Schafsdärme

Schweinefleisch kochen, dann vom gekochten Schweinefleisch den Speck größtenteils wegschneiden. Fleisch fein hacken, würzen, gut durchmischen und in die Därme füllen. Abdrehen. Würste 1/4 Stunde in ca. 80 °C heißem Wasser ziehen lassen und danach in kaltes Wasser tauchen.

# *te hard, te zuur,*
# *te droog, te bitter*

### Sauerteigbrot

500 g roggebloem 1150, 500 g tarwebloem 1050, 350 ml water, 30 g zout

Meng een eetlepel roggebloem met een halve eetlepel tarwebloem en warm water tot een vrij vloeibaar deeg. Bewaar het afgedekt op een warme plek. Voeg om de 12 uur nog eens net zo veel bloem en water toe, totdat er bobbels ontstaan en het deeg zurig ruikt. Maak een deeg van alle ingrediënten. Kneed het goed. Laat het in een met bloem bepoederd broodrijsmandje afgedekt staan totdat het deeg duidelijk is gaan rijzen (ca. 1,5–2 u.). Zet het brood in een oven en bak het 10 minuten op 250 °C, daarna ca. 45–50 minuten op 200 °C. Klop op de korst, als het hol klinkt dan is het brood klaar.

*Het oudste Duitse brooddeeg dat nog steeds wordt gebakken, is meer dan 100 jaar oud*
*Der älteste deutsche Brotteig, der immer noch gebacken wird, ist über 100 Jahre alt*

## Sauerteigbrot

500 g Rogenmehl 1150, 500 G Weizenmehl 1050, 350 ml Wasser, 30 g Salz

Einen EL Roggenmehl und einen halben EL Weizenmehl mit warmem Wasser flüssig anrühren und zugedeckt an einen warmen Ort stellen. Alle zwölf Stunden noch mal so viel Mehl und Wasser dazugeben, bis Blasen entstehen und der Teig leicht säuerlich richt. Aus allen Zutaten einen Teig rühren. Diesen gut kneten und in einem bemehlten Garkörbchen abgedeckt gehen lassen, bis sich der Teig deutlich vergrößert hat (etwa 1,5–2 Std.).
Das Brot bei 250 °C einschließen. Kräftig schwaden. 10 Minuten vorbacken, danach die Temperatur auf 200 °C reduzieren und noch ca. 45–50 Minuten fertig backen. Klopfprobe machen.

*zu hart, zu sauer, zu trocken, zu herb*

In „Café de Zwaan" vindt men Duits brood niet lekker. Op de curryworst zit te veel kerrie

Im „Café de Zwaan" ist es Brot. An Currywurst ist zu viel Curry

# *veel te veel curry, curry te intensief*

## Currywurst

300 gr varkensgehakt, slagroom, 1 theelepel curry, 1 theelepel paprikapoeder, 1 theelepel kurkuma, zout, peper, schapendarmen

Pureer het vlees en de slagroom in de mixer en meng het met de kruiden. Vul de darmen met het mengsel en bind de worsten om de 10 cm af met garen. Laat ze 3 minuten trekken in water van ca. 70 °C. Laat ze daarna afkoelen. Snijd de worstjes voorzichtig in. Bak ze en serveer ze met currysaus.

*zu viel Curry,
Curry zu intensiv*

## Currywurst

300 g Hackfleisch vom Schwein, Schlagsahne, 1 TL Curry, 1 TL Paprika, 1 TL Kurkuma, Salz, Pfeffer, Schafsdärme

Fleisch und Sahne im Mixer kurz pürieren und mit den Gewürzen vermengen. In den Darm füllen und mit Küchengarn ca. 10 cm lange Würstchen abbinden. 3 Minuten bei ca. 70 °C ziehen lassen und kalt stellen. Würstchen vorsichtig einschneiden, braten und mit Currysoße servieren.

## Mayonnaise

1 eigeel, 1 eetlepel citroensap, 1 theelepel mosterd, 250 ml olie, zout, peper

Doe de eierdooier, het zout, de peper, het citroensap en de mosterd in een kommetje en klop het met een garde tot het mengsel glad is. Giet er de olie bij, in het begin slechts drupje voor drupje. Blijf nog even roeren wanneer alle olie is opgenomen.

# *veel te zuur*

## Mayonnaise

1 Eigelb, 1 EL Zitronensaft, 1 TL Senf, 250 ml Öl, Salz, Pfeffer

Eidotter, Salz, Pfeffer, Zitronensaft und Senf in eine Schüssel geben und mit dem Schneebesen glattrühren. Langsam das Öl einlaufen lassen, anfangs nur tröpfchenweise. Wenn alles Öl eingearbeitet ist, noch etwas weiterschlagen.

*viel zu sauer*

Weißwürste

1 kg varkensgebraad, 1 kg stevig varkensvlees van het bot, 1 kg kalfsvlees, 2 kg ongezouten spek, 250 g witbrood, vleesbouillon, sap van één citroen, 2 theelepels nootmuskaat, varkensdarmen

Maal het kalfsvlees en het varkensvlees fijn. Kook het spek en snijd het in kleine blokjes. Week het brood in de bouillon. Meng alles goed met de kruiden. Vul het mengsel in de varkensdarmen. Laat het 20 minuten in heet water gaar stoven.

*vieze structuur*

## Weißwürste

1 kg Schweinebraten, 1 kg festes Schweinefleisch aus der Keule, 1 kg Kalbfleisch, 2 kg ungesalzener Speck, 250 g Weißbrot, Fleischbrühe, Saft einer Zitrone, 2 TL Muskat, Schweinedärme

Schweinebraten, Kalbfleisch, Schweinefleisch fein durchdrehen. Speck abkochen und in feine Würfel schneiden, Weißbrot in Brühe einweichen. Mit den Gewürzen gut vermischen. Masse in dünne Schweinsdärme füllen und in heißem, nicht mehr kochendem Wasser 20 Minuten ziehen lassen.

*eklige Konsistenz*

*In de Italiaanse ijssalon in Winterswijk vallen witte worsten niet in de smaak*
*In der italienischen Eisdiele in Winterswiik sind Weißwürste unbeliebt*

# *smerig, prakkerig, papperig, brijige consistentie, ziet er vies uit*

### Semmelknödel

6–8 oude broodjes , 1/4 l melk, 1 bosje peterselie, 1 ui, 1 eetlepel boter, zout, 3 eieren, peper, nootmuskaat, 1 theelepel geraspte citroenschil

Snijd de broodjes in dunne plakjes en doe ze in een grote schotel. Verwarm de melk en giet deze erover heen. Laat het brood 20 minuten weken. Hak de peterselie fijn. Snijd de ui fijn. Verwarm de boter. Fruit de ui in de boter. Meng het geweekte brood met de gefruite ui, de eieren en de peterselie. Kruid alles met zout, peper, nootmuskaat en de citroenschil. Vorm met natte handen kleine „knoedels". Laat ze in kokend water 20 minuten stoven.

## Semmelknödel

6–8 Semmeln vom Vortag, 1/4 l Milch, 1 Bund Petersilie, 1 Zwiebel, 1 EL Butter, Salz, 3 Eier, Pfeffer, Muskatnuss, 1 TL abgeriebene Zitronenschale

Die Semmeln in dünne Scheiben schneiden und in eine große Schüssel geben. Die Milch erhitzen und darübergießen, 20 Min. quellen lassen. Die Petersilie fein hacken. Die Zwiebel in kleine Würfel schneiden. Die Butter erhitzen, die Zwiebel darin langsam glasig andünsten. Die eingeweichten Semmeln mit Eiern, Zwiebeln und Petersilie gut vermengen. Mit Salz, Pfeffer, Muskat und Zitronenschale würzen. Mit angefeuchteten Händen kleine Knödel formen und im siedenden Wasser 20 Min. ziehen lassen.

*eklig, breiig, papp, Konsistenz wie weicher Brei, eklig aussehen*

# Gras tussen het plaveisel

Eva Sturm 2012

Wat je verafschuwt, probeer je ver van je vandaan te houden. Er is afstand nodig tussen je voorstelling of zelfs dat waarmee je reëel wordt geconfronteerd en je eigen organisme. Gedaan met die beelden. Weg ermee! Taal helpt weg te ruimen wat wordt afgekeurd. Kort en krachtig of bepaald eloquent. Zo schrijft de psychoanalyticus Karl-Josef Pazzini: „Een dergelijke letterlijke afkeer heeft als voordeel dat die zich niet in de verwoesting van het voorwerp uit. De afkeer houdt het object enkel op afstand en zet zichzelf in een depressie van gestolde woede buitenspel, waar hij ook voor altijd schijnt te blijven."[1] De afwijzing, soms duidelijk vergezeld van fysieke effecten, wordt vergeten en verschoven tot zij weer opgeroepen wordt en opnieuw tot uiting komt.

Eenwording – dat is een nog onaangenamere gedachte. Dat het voorwerp van je afkeer deel wordt van je eigen lichaam. Oh neen! Het voorwerp moet op afstand blijven. Het wordt zo ver weg gehouden dat het je niet aanraakt, niet direct.
Blijf daar, (ik) hou je ver van mij. Ik moet je niet. Maar doordat ik je niet moet, weet ik precies waarvan ik mij distantieer. Wat afgewezen wordt, is het 'andere'. Het wordt onzichtbaar, maar blijft tegelijkertijd onderhuids, verborgen aanwezig. Het helpt om de eigen wankele identiteitsconstructie telkens opnieuw op te bouwen.

Nu komt er opeens iemand langs en dringt met vragen binnen in deze buitenspel gezette „depressie van gestolde woede". Hij vraagt iets en wil het steeds preciezer weten. Hij spoort je aan om te beschrijven hoe „dat-lust-ik-niet" aanvoelt en aan welke (fysieke) gebeurtenissen, beelden, herinneringen deze afwijzing gekoppeld is. De afwijzing stuit op nieuwsgierigheid, die interesse met zich meebrengt. Zonder een diagnose, zonder een moreel of een ander oordeel wordt de constructie van de ander binnengewandeld. Deze zone wordt gemeenschappelijk betreden en onderzocht. Er wordt naar woorden gezocht. Vertel verder!

Dat is het interessante: Wat lust men niet, hoe smaakt dat dan? Laat de smaak alsjeblieft in je argumentatie opduiken, laat de smaak zich talig ontwikkelen. Te zoet! Onaangenaam, het idee dat het op die manier klaargemaakt is. Dat gaat echt te ver (voor mij).

En dit alles speelt zich af aan een grens. Aan een grens tussen twee landen die als buren altijd eenheid en verschil oproepen. Een buurman is namelijk tegelijkertijd dichtbij en veraf, vertrouwd en vreemd. De buurman is altijd de ander. Een dergelijk geconstrueerd verschil te verhullen en tegelijkertijd zichzelf als grens en als project(iel) te tonen, dat kan je dit project toedichten. Dat maak dit project tot een kunstproject.

De kunstenaar wordt hier ten eerste een „trickster": Jean Fisher verwees in verband met Documenta 11 [2] naar dit personage, dat in vele culturen te vinden is. Een trickster is iemand die een productieve verandering in het systeem kan bewerkstelligen. Hij doet dat door een derde ruimte te creëren, door handeling, ruimte, toestand in de war te brengen. Hij handelt uit eigen beweging, zonder opdracht van buitenaf. Jean Fisher schrijft: „Een verhaal over Eshu, de trickster van de Yoruba, waarvan er ook een Cubaanse variant bestaat, gaat over twee bevriende boeren, en buren, die elkaar eeuwige vriendschap hebben gezworen. Ze hadden er echter niet aan gedacht om ook Eshu in hun bond op te nemen. Daarom besloot hij hen een lesje te leren. Hij droeg een muts, die aan de ene kant rood en aan de andere kant wit was, hij had zijn pijp aan zijn nek bevestigd en hij reed achterstevoren op zijn paard langs de grens tussen de beide boerderijen. Later maakten de vrienden ruzie over de kleur van de muts van de ruiter en over de richting waarin hij zich had voort-bewogen. Hun strijd nam dusdanige proporties aan dat ze uiteindelijk Eshu zelf erbij riepen om de strijd te beslechten. Eshu bekende dat hij de ruiter was en dat de vrienden allebei gelijk hadden. Hij legde hen ook uit dat ze zozeer door hun gewoontes en door hun onderdrukte vijandschap beheerst werden dat ze niet in staat waren om de waarheid te zien of het standpunt van de ander te accepteren.

Eshu is diegene ..., die moedwillig ruis en onrust tot stand brengt om een nieuw bewustzijnsmodel te creëren. Het idee dat hieraan ten grondslag ligt, is ‚dat de ondervinding van deze storing ervoor zorgt dat deze in het systeem wordt opgenomen. Zo wordt dit systeem van een eenvoudig naar een complex niveau getild.'"

Van het eenvoudige „Nee, dat lust ik niet" naar een complexe tekst. Niet iets waar men altijd op zit te wachten. Het vormt een bedreiging voor de eigen, vermeend veilige en telkens opnieuw voor zichzelf bevestigde orde van de wereld. De voorkeur gaat daarbij meestal uit naar de onveranderde herhaling van de bekende, gebaande wegen. Nu is dat misschien wel interessant, maar zeker niets voor mij. Interesse betekent ook iets veilig van je afhouden, zoals je een spartelende kever van op een afstand bekijkt. Hou ik daarvan?

In deze context dicht Karl-Josef Pazzini kunst de mogelijkheid toe om „van de kant van het subject een getuigenis van het proces van de niet geslaagde identiteit en het ontbrekende causaal verband" te geven. Wij komen in aanraking met kun st en kunst komt in aanraking met ons „als concreet zichtbare, voelbare, hoorbare objecten, als verhalen van gefragmenteerde lichamen, van onvolledige eenheden, van losse en onlogische, niet eenduidige associaties, van fragmenten, resten en montages, van mislukte ideaalbeelden, van steeds weer anders geconstrueerde betekenissen".[3]

De buurmannen in het verhaal van de trickster worden in hun zelfvoldaanheid verstoord, omdat er iemand hun systeem binnenkomt om het functioneren van dit systeem ter discussie te stellen. Het niet waarneembare van een bepaalde situatie wordt zichtbaar als niet waargenomen betekeniscombinaties. De kracht van deze machtige, buitensluitende en afgrenzende orde wordt duidelijk door de vanzelfsprekendheid van dit mechanisme waar geen vraagtekens bij worden gezet. Een spartelende kever bekijk je op een afstand, tenzij je een wetenschapper, een kind of een kunstenaar bent.

Wanneer je ten tweede, zoals Hal Foster deed, kunstenaars de mogelijkheden toedicht cartografen van bestaande verbanden te zijn,[4] ligt het voor de hand dat dit project meer aan de kunst dan aan de wetenschap toe te schrijven is. Het doel van de kunstenaar is in dit geval om door middel van het creëren van een derde ruimte, een kaart, te wijzen op de combinaties van verbanden en op het in wezen willekeurige ontstaan van buuridentiteiten, begrippen en grenzen.
Een onderzoeksresultaat: zulke constructies komen telkens opnieuw voor, zelfs heel concreet– slagroom heeft een verschillende graad van zoetheid aan beide kanten van de grens. De verschillende systemen worden aan beide kanten bij herhaling bevestigd. Maar wat was er eerst: de kip of het ei?

De kunstenaar schetst dus een kaart, die in feite een echt boek is. De kaart getuigt van een verblijf in een grensgebied en rekt ze uit tot een spatium[5], waarin het denken een vrolijke opdracht wordt. Want het afgewezene en het verworpene wordt omgedraaid, wordt in de vlakte uitgerold en wordt op bladzijden uit elkaar gevouwen. Het verguisde duikt op verschillende plaatsen op, klevend aan andere zaken. Wat op afstand gehouden wordt, is opeens een aanleiding en krijgt de kans tegelijkertijd als vraag en als antwoord verder te bestaan.

Je kunt dit project echter niet alleen maar als participatieve, communicatieve kunstvorm duiden, maar bovendien ook als een zuiver conceptionele kunstvorm die als dusdanig de vraag naar het functioneren van kunst zelf stelt. Net als andere werken van Markus Binner is ook deze collectie aan beide zijden van de grens een analyse van het concept kunst als een telkens opnieuw opgebouwde constructie van in- en uitsluiting, waarin deze in- en uitsluitingen steeds ook zelf in vraag worden gesteld. Dat lust ik niet. Dat wil ik niet zien. Dat hoort hier niet. Kunst kan zich als gras tussen het plaveisel (Gilles Deleuze) dringen en de starheid uit zijn voegen laten barsten.

[1] http://kunst.erzwiss.uni-hamburg.de/Texte/leib_krystufek.html (zuletzt abgefragt am 14.6.2012)
[2] Fisher, Jean: Zu einer Metaphysik der Scheisse. In: documenta (Hg.): Dokumenta 11_Plattform 5: Ausstellung. Osterfildern-Ruit 2002, 63-70
[3] Pazzini, Karl-Josef: Wie geschieht Lehre? – Über die Aggressivität des Lehrens. In: Michael Schmid (Hg.): RISS Materialien. 1. Zur Frage der Transmission (in) der Psychoanalyse. Zürich 1995
[4] Foster, Hal: The Return of the Real. (The Artist as Ethnographer), Cambridge, Massachusetts, London, England 1999, 171-203
[5] Raunig, Gerald: Charon. Eine Ästhetik der Grenzüberschreitung. Wien 1999

*De eierboer uit Haaksbergen lust geen Duitse zuurkool*
*Der Eierproduzent aus Haksbergen mag kein deutsches Sauerkraut*

## Sauerkraut

700 g geraspte witte kool, 2 theelepel zout, 1 eetlepel jeneverbessen, 1 eetlepel komijn, 2 eetlepels suiker, zout, azijn

Stamp met een stamper de kool met het zout en de kruiden in een kom totdat er sap komt. Doe de kool in bokalen. Gebruik voor een 1l- bokaal niet meer dan 750 g groente. Vul het glas maximaal totdat het 4/5 vol is. Het sap moet de kool bedekken. Laat de kool een week op een donkere warme plek staan. Na 4 weken kan de zuurkool worden gegeten.

*Meneer Keuper van „Keuperkaas" lust geen Duitse zuurkool en geen Duits roggebrood. (Meneer Keuper maakt zelf ook heerlijke pasta) Herr Keuper von „Keuperkaas" mag das deutsche Sauerkraut und das deutsche Roggenbrot nicht. (Herr Keuper macht auch köstliche eigene Nudeln)*

*te anders*

## Sauerkraut

700 g gehobelter Weißkohl, 2 TL Salz, 1 EL Wacholderbeeren, 1 EL Kümmel, 2 EL Zucker, Salz, Essig

Das Weißkraut z. B. mit einem Kartoffelstößel mit Salz und Gewürzen in einer Schüssel so lange stampfen, bis Saft austritt. Das Kraut hineinschichten. Nicht mehr als 750 g Gemüse für ein 1-Liter-Glas verwenden. Das Glas sollte höchstens zu 4/5 gefüllt werden. Der Saft muss das Kraut bedecken. Eine Woche lang an einem dunklen, warmen Ort stehen lassen. Essbereit ist es nach 4 Wochen.

*zu anders*

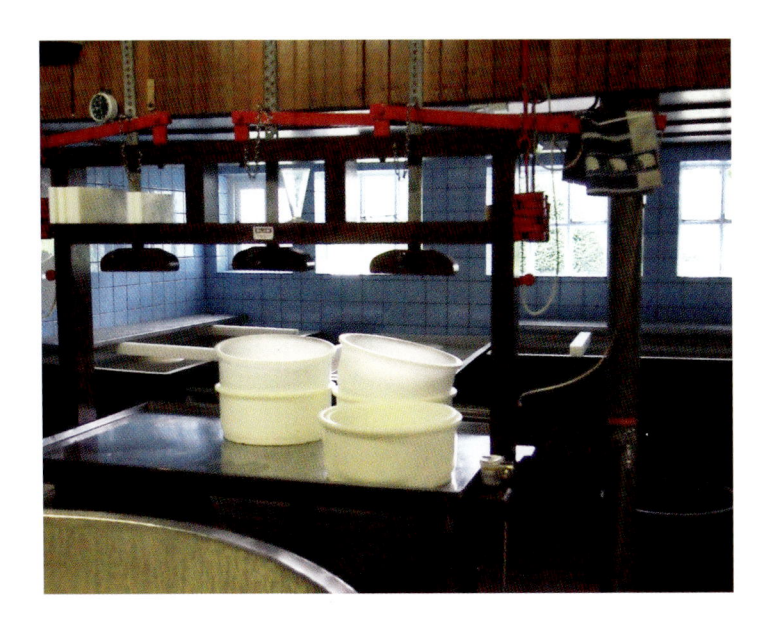

## Eisbein

1 beenham, 500 g zuurkool, 2 uien, 1 wortel, 3 korrels piment, 5 korrels peper, 1 laurierblad, 4 theelepel zout

Was de beenham en doe hem met alle ingrediënten in een grote pan. Vul de pan met water totdat het vlees bedekt is. Laat het ca. 2 uur op een laag vuurtje koken. Als het vlees zacht is, serveer het dan samen met de bouillon en zuurkool in een soepbord.

## *vies, te vettig*

*In kaasboerderij „de Siepe" is Eisbein/varkenspoot geen favoriet product en is de gewoonte om bij een Westfaalse bruiloftsmaaltijd de vleesmaaltijd vóór de soep te serveren niet erg geliefd. (grandioze oeroude Gouda)*
*In der Käserei „de Siepe" ist Eisbein und die Platzierung des Fleischganges vor der Suppe beim Westfälischen Hochzeitsessen unbeliebt. (Grandioser uralter Gouda)*

# Eisbein

1 Eisbein, 500 g Sauerkraut, 2 Zwiebeln, 1 Möhre, 3 Körner Piment, 5 Körner Pfeffer, 1 Lorbeerblatt, 4 TL Salz

Das Eisbein waschen und mit allen Zutaten in einen großen Kochtopf geben, mit Wasser auffüllen, bis das Fleisch bedeckt ist. Nun bei mittlerer Hitze ca. 2 Stunden kochen. Wenn das Fleisch weich ist, die Brühe mit Sauerkraut auf einem tiefen Teller anrichten.

*eklig, zu fettig*

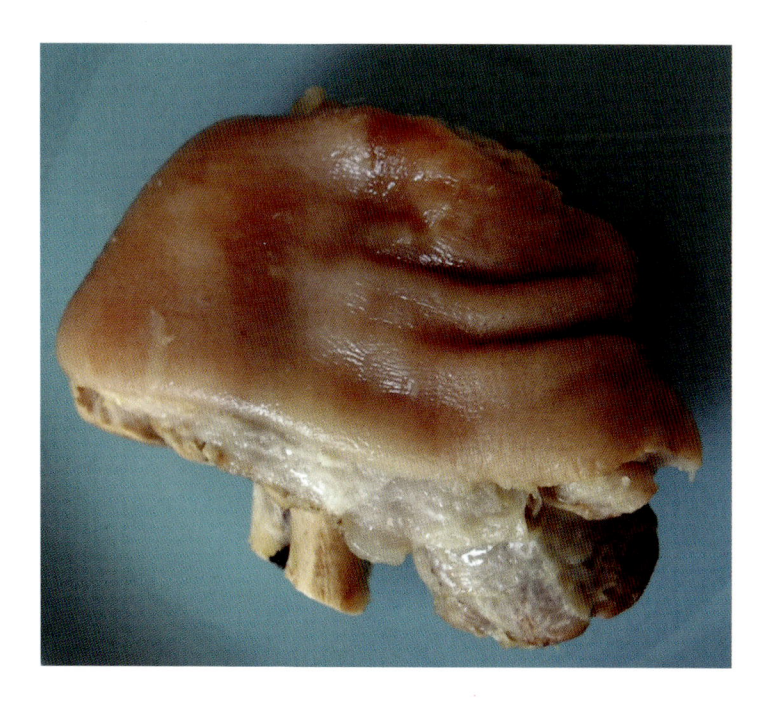

## Reiberknödel

1,5 kg kruimige aardappelen, zout

Rasp de helft van de aardappelen en pers ze uit. Laat het vocht staan totdat het zetmeel zich op de bodem heeft afgezet. Giet het water voorzichtig weg en doe het zetmeel weer terug bij de aardappelen. Kook de rest van de aardappelen druk ze door een pers. Meng alles goed. Vorm er „knoedels" van en laat ze bij een laag temperatuur in water gaar worden totdat ze boven komen drijven.

## *smerig*

*Duits brood, „knoedels", „spätzle", slagroom en Duits gebak – te groot – lust men niet bij „de Zoete Taart"*
*Deutsches Brot, Knödel, Späzle, Schlagsahne, Deutsches Gebäck – zu groß – wird bei „de Zoete Taart" nicht gemocht*

# Reiberknödel

1,5 kg mehlige Kartoffeln, Salz

Die Hälfte der Kartoffeln reiben und mit einem Presssack auspressen. Die Flüssigkeit stehen lassen, bis sich die Stärke am Boden abgesetz hat. Vorsichtig abgießen und die Stärke zu den Katoffeln geben. Die restlichen Kartoffeln kochen und fein durchpressen. Alles vermischen. Knödel formen und bei schwacher Hitze solange ziehen lassen bis sie oben schwimmen.

*eklig*

smerig, slijmerig

## Spätzle

500 g Mehl, 5 Eier, 150–200 ml Wasser, Salz

Alle Zutaten in einer Schüssel verrühren, bis der Teig Blasen wirft. Wenn der Teig langsam und zäh von einem Löffel fließt, ohne zu reißen, hat er die richtige Konsistenz.
Das Spätzlebrett und den Schaber zum Anfeuchten kurz in den Topf halten. Etwa ein bis zwei Löffel Teig auf das Brett geben und glatt streichen. Einen großen Topf mit Wasser füllen und zum Kochen bringen; reichlich Salz zugeben. Mit einem Schaber kleine Stücke vom Teig direkt in den Wassertopf schaben. Kommen die Spätzle nach oben sind sie fertig. Mit dem Schaumlöffel die Spätzle aus dem kochenden Wasser nehmen, in der bereitgestellten Schüssel abtropfen lassen.

*eklig, schleimig*

## Spätzle

500 g bloem, 5 eieren, 150–200 ml water, zout

Roer alle ingrediënten in een kom totdat er luchtbellen op het deeg ontstaan. Als het deeg langzaam en taai van de lepel vloeit zonder daarbij te breken, dan klopt de consistentie.
Maak het „Spätzlebrett" (een plankje) en de schraper met water vochtig. Vul een grote pan met water en breng het aan de kook; voeg voldoende zout toe. Leg op het plankje een lepel of twee van het deeg en strijk het glad. Schraap met de schraper kleine stukjes van de deeg direct in de plan. De spätzle zijn klaar wanneer ze naar boven komen drijven. De spätzle met een schuimlepel uit het kokend water halen en ze in een daarvoor klaargezette kom laten uitlekken.

## Dat lust ik niet

Een project met gerechten die op afkeuring stoten. Wij verzamelen gerechten aan weerszijden van de Nederlands-Duitse grens, gerechten die we, als buren, van elkaar niet lusten. „Welke Duitse gerechten vinden de vlakbij wonende Nederlanders absoluut niet lekker en wat uit de Nederlandse keuken wordt door Duitsers niet gewaardeerd?"

We ondervragen verschillende mensen, die iets met eten, levensmiddelen en met koken te maken hebben: koks, boeren, groentehandelaren, fijnproevers, vrachtwagenchauffeurs enz. Op de meest verschillende plaatsen: in restaurants, grootkeukens, wegrestaurants, kantines, winkelcentra, kraampjes, eethuisjes, voetgangerszones.

Niet alleen het gerecht moet worden benoemd. Er wordt geprobeerd om tot een beschrijving van de afkeer te komen. In hoeverre lust ik het niet? Waarom, waaraan ligt het? Vind ik er woorden voor? Hoe kan ik begrijpelijk maken waarom ik iets niet lust?

Het resultaat zal een verzameling gerechten zijn, die samengebracht in de vorm van een kookboek, wordt gepubliceerd. Naast de recepten bestaat het boek ook uit de gesprekken erover. Het boek wordt gepresenteerd en geschonken op de plaatsen, waar de gesprekken hebben plaatsgevonden, eventueel ook op een participatief culinair evenement.

Ondanks de nieuwsgierigheid naar het vreemde, het exotische en alle verre reizen, ondanks de vele kookprogramma's op televisie, veranderen onze eetgewoontes maar weinig.
Ondanks onze kennis over de culturele achtergrond van smaak lijken de grenzen van wat we lusten bijzonder streng. Eten zorgt in het bijzonder voor een gemeenschappelijke identiteit.

Zowel in de schilderkunst als in de literatuur wordt het lelijke sinds eeuwen gethematiseerd. Er bestaan echter nauwelijks voor-beelden van voedsel dat niet zou moeten smaken. Toen Pascal Barbot in 2003 met opzet bonen met een vieze smaak in een gerecht verwerkte om een contrast duidelijk te maken, verlieten de gasten woedend zijn restaurant.

Wij gaan al enkele decennia naar 'de Italiaan' en 'de Chinees'. Toch zijn er pas meer en betere Italiaanse restaurants sinds veel Italiaanse gastarbeiders terugkeerden naar hun economisch opbloeiende moederland.

Er bestaat tegenwoordig nog steeds een groot verschil tussen het aantal Turkse toprestaurants en het aantal shoarmatenten. Dit verschil toont vooral aan hoe Duitsers hun Turkse medeburgers zien. Is de afwijzing en afbakening niet een manier om onze identiteit tot stand te brengen? Zoals Stuart Hall zei: „De Engelsen zijn niet racistisch, omdat ze zwarten haten, maar omdat zij zonder de zwarten niet weten wie zij zelf zijn"

Het is niet alleen prettig te ontdekken wat je niet lust. Het kan ook tot nieuwe ontdekkingen en inzichten leiden, wanneer je precies probeert aan anderen uit te leggen waarom je iets niet lust. Waaruit bestaat nu precies de huiver voor een bepaald ingrediënt? Hoe beschrijf ik een smaak die mijn gezicht vertrekt?

Zijn het werkelijk de ammoniak- en zwavelachtige verbindingen waarop ik reageer? Of is het de te verwachten, reproduceerbare ontgoocheling die me doet tegenstribbelen?

Schlagsahne

250 ml room, 2 eetlepel zure room, 2 eetlepel poedersuiker, 1 eetlepel citroensap, fijn geraspte citroenschil

Alles behalve de suiker in de koelkast zetten. De room en de zure room mengen en net zolang kloppen totdat het mengsel dik wordt. De suiker, het citroensap en de citroenschil toevoegen en verder kloppen totdat de room stijf is.

*te zuur, te weinig suiker*

Weer is het de slagroom bij „Bagels & Beans" in Enschede
Bei „Bagels & Beans" in Enschede ist es wieder die Schlagsahne

## Schlagsahne

250 ml Sahne, 2 EL saure Sahne, 2 EL Puderzucker, 1 EL Zitronensaft, fein geriebene Zitronenschale

Alles bis auf den Zucker kalt stellen. Die Sahne und die saure Sahne verrühren und so lange schlagen, bis sie andicken. Zucker, Zitronensaft und -schale dazugeben und weiterschlagen, bis die Sahne steif ist.

*zu sauer, zu wenig Zucker*

## Kartoffelknödel

1 kg kruimige aardappelen (geen jonge aardappelen), 100–150 gr bloem, 2 eieren, zout, nootmuskaat, 1 theelepel boter, 1 theelepel griesmeel

De gekookte aardappelen een dag van tevoren door een pureepers drukken. Koel bewaren. Meng alle ingrediënten. Maak een dikke rol van het deeg en snijd het in 8–12 plakjes. Vorm met met meel bepoederde handen „knoedels". Laat de „knoedels" 15–20 minuten in een pan met half gesloten deksel in heet water trekken.

# *smerig, slijmerig*

*In bakkerij „de Jagers" zijn het weer de „knoedels"*
*In der Bäckerei „de Jagers" sind es wieder die Knödel*

*eklig, schleimig*

## Kartoffelknödel

1 kg mehligkochende Kartoffeln (keine Frühkartoffeln), 100–150 g Mehl, 2 Eier, Salz, Muskatnuss, 1 TL Butter, 1 TL Grieß

Die gekochten Kartoffeln am Vortag durch eine Kartoffelpresse drücken. Kühl stellen. Alle Zutaten gut vermischen. Teig zu einer dicken Rolle formen und in 8–12 Scheiben schneiden. Mit mehlbestäubten Händen Knödel formen.
Die Kartoffelknödeln mit halb aufgelegtem Deckel bei schwacher Hitze 15–20 Minuten ziehen lassen.

Bij „Elite Snacks" maakt meneer Martijn van der Heijden tijd voor ons vrij. Hij lust zelf de worst van de currywurst niet. Hij vertelt ons over Nederlandse aardappelsalades en vleessalades, die in Duitsland niet aan de man te brengen zijn, omdat de consistentie naar de smaak van veel Duitsers te fijn is. (De salades leken me wat apart, maar wel heel lekker)

Bij „Elite Snacks" maakt meneer Martijn van der Heijden tijd voor ons. Hij lust zelf de worst van de currywurst niet. Hij vertelt ons over aardappel- en vleessalades, die in Duitsland niet aan de man te brengen zijn, omdat de consistentie te fijn zou zijn. (Ze leken me wat apart, maar wel heel lekker)

*Meneer Koopman van de catering in de Universiteit Twente heeft zijn collega's ondervraagd. Zuur brood, Lebkuchen, Thee, Knödel, Eisbein, Kartoffelsuppe, Rote Grütze, Slagroom, Leberkäse, Schweinshaxe lust men er niet*
*Herr Koopman von der Mensa der Universität in Twente hat seine Mitarbeiter befragt. Schwarzbrot, Lebkuchen, Tee, Knödel, Eisbein, Kartoffelsuppe, Rote Grütze, Schlagsahne, Leberkäse, Schweinshaxe wird nicht gemocht*

## Leberknödel

1 kg runderlever, 500 gr oude broodjes in blokjes gesneden, 1 bosje peterselie, 4 eieren, knoflook, 3 eetlepels bloem, 250 ml melk, 125 ml water, 2 theelepels zout, 1 theelepel peper, tijm

Meng het brood met alle ingrediënten (behalve de lever). Bedek de massa en laat een half uur rusten. Meng de massa met de lever. Vorm de „knoedels" . Kook ze ca. 20 minuten op een laag vuurtje.

# *vies, een brij*

## Leberknödel

1 kg Rinderleber, 500 g würfelig geschnittene altbackene Brötchen, 1 Bund Petersilie, 4 Eier, Knoblauch, 3 EL Mehl, 250 ml Milch, 125 ml Wasser, 2 TL Salz, 1 TL Pfeffer, Thymian

Knödelbrot mit allen Zutaten (ohne die Leber) vermischen und zugedeckt eine 1/2 Stunde ruhen lassen. Dann mit der Leber vermischen. Knödel formen und in leicht wallendem Wasser ca. 20 Minuten kochen.

eklig, breiig

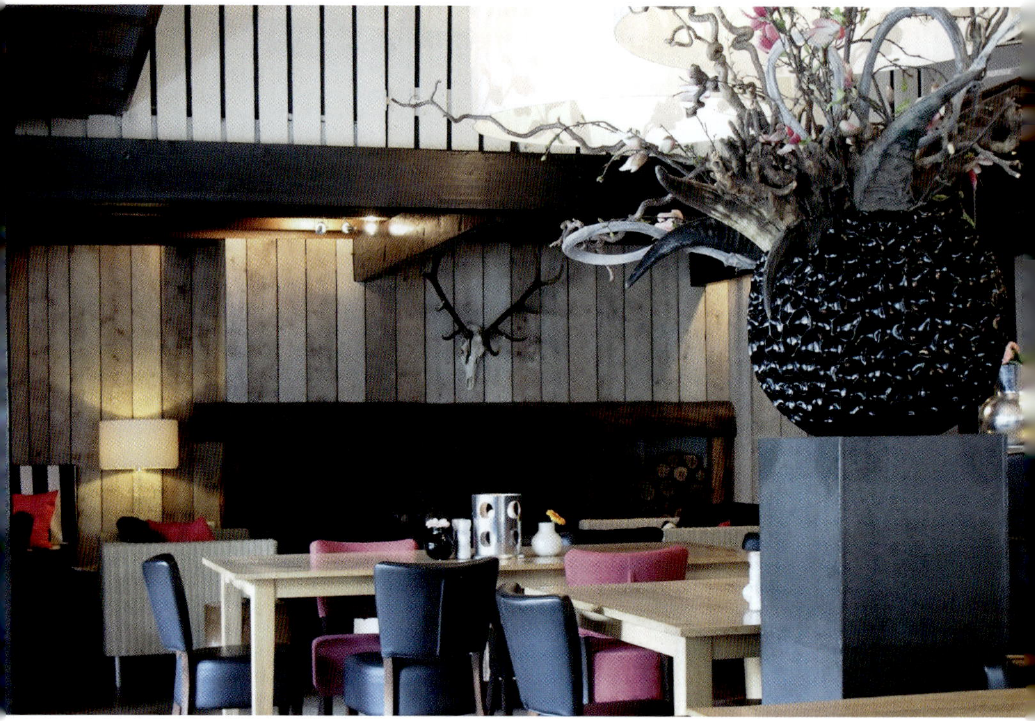

*In sterrenrestaurant „de Bokkepruik" legt de chef-kok meneer Istha uit dat er niets in de Duitse keuken bestaat dat hij niet lust. Wel vindt hij de Duitse koffie wat slapper. Hij weet wel dat veel Nederlanders Duitse „knoedels", en dan vooral „leverknoedels" afwijzen. Dit wijt hij echter aan onwetendheid*
*Im Sternerestaurant „de Bokkepruik" erklärt uns der Chefkoch Herr Istha, dass es nichts an der deutschen Küche gäbe, das er nicht möge. Den deutschen Kaffee findet er etwas schwächer und er weiß, dass viele Niederländer deutsche Knödel, besonders Leberknödel ablehnten. Dies liege aber meist an der Unkenntnis*

*Meneer van Barlo, de souschef van sterrenrestaurant „t'Schultenhues"
in Zutphen lust als kok alles met goede kwaliteit. Daarom kan hij niet
zeggen wat hij aan de Duitse keuken niet goed vindt.
Hij is van mening dat de houding waarmee je gaat eten bepaalt of je
iets lust of niet
Herr van Berlo, der Souschef des Sternerestaurants „t'Schultenhues" in
Zutphen mag als Koch jedes gute Essen. Von daher kann er nicht sagen,
was er an der deutschen Küche ablehnt.
Er sagt, es hängt von der Einstellung ab, mit welcher man essen geht, ob
man etwas mag oder nicht*

81

Der bildende Künstler Markus Binner arbeitet in den Forschungsfeldern Kunst und Essen, Gesprächssituationen, Sprache als Material und deren Repräsentation.

De beeldend kunstenaar Markus Binner werkt in de onderzoeksgebieden kunst en eten, gesprekssituaties, taal als materiaal en haar representatie.

Unterstützt durch / Mede mogelijk gemaakt door:

**Grenswerte**

Niedersächsisches Ministerium für Wirtschaft, Arbeit und Verkehr

provincie Gelderland

provincie Overijssel

KCO

Ministerium für Wirtschaft, Mittelstand und Energie des Landes Nordrhein-Westfalen

EUREGIO

INTERREG Deutschland Nederland

INTERREG - Grenzregionen gestalten Europa
Europäischer Fonds für Regionale Entwicklung der Europäischen Union
INTERREG - Grensregio's bouwen aan Europa
Europees Fonds voor Regionale Ontwikkeling van de Europese Unie

www.deutschland-nederland.eu

LWL-KULTUR Westfalen-Lippe Stiftung

Münsterland e.V.

KREIS STEINFURT